Lb 155.

Lettre au Roi

SUR

1° L'ÉTAT DE L'OPINION PUBLIQUE;

2° LES DANGERS DES RAFFINEMENS EN POLITIQUE;

3° LE DROIT DES DÉPUTÉS AU SUJET DE LA DÉCLARATION DU 7 AOUT 1830;

4° LES SALAIRES DES MINISTRES DES CULTES;

5° L'HÉRÉDITÉ DE LA PAIRIE;

6° LE CENS POUR ÊTRE ÉLECTEUR ET ÉLIGIBLE;

7° SUR L'INAMOVIBILITÉ DE LA MAGISTRATURE.

PARIS,

BARBA, LIBRAIRE, PALAIS-ROYAL,

GALERIE DE NEMOURS;

AU CABINET LITTÉRAIRE, PASSAGE RADZIWILLE,

RUE NEUVE-DES-BONS-ENFANS.

1830.

Lettre au Roi

. SUR

1° L'ÉTAT DE L'OPINION PUBLIQUE ;

2° LES DANGERS DES RAFFINEMENS EN POLITIQUE ;

3° LE DROIT DES DÉPUTÉS AU SUJET DE LA DÉCLARATION DU 7 AOUT 1830 ;

4° LES SALAIRES DES MINISTRES DES CULTES ;

5° L'HÉRÉDITÉ DE LA PAIRIE ;

6° LE CENS POUR ÊTRE ÉLECTEUR ET ÉLIGIBLE ;

7° SUR L'INAMOVIBILITÉ DE LA MAGISTRATURE.

PARIS,

BARBA, LIBRAIRE, PALAIS-ROYAL,

GALERIE DE NEMOURS,

AU CABINET LITTÉRAIRE, PASSAGE RADZIWILLE,

RUE NEUVE-DES-BONS-ENFANS.

1830.

Lettre au Roi.

SIRE !

Au moment de la crise occasionnée par les mesures hostiles que des ministres non moins inhabiles qu'imprudens avaient cru devoir prendre, mesures qui n'allaient à rien moins qu'à opérer la ruine totale des institutions constitutionnelles, si le succès eût répondu à leur attente, comme les nôtres, Sire, votre cœur a palpité ! Comme les nôtres, le calme rétabli, il s'est écrié, ô France, rassure-toi, sois fière de ton caractère national.

Il n'est pas de termes assez forts pour qualifier les maux irréparables que pouvaient nous causer ces hommes qui, ne prenant conseil que de leur fanatique et vaniteuse ambition, abusèrent de la confiance du monarque, au point de le porter à rendre les ordonnances qui ont forcé le peuple à s'armer pour la conservations de ses droits et de ses libertés.

Sans doute nos institutions politiques étaient incomplètes; mais néanmoins l'opinion publique, quoique n'ignorant pas ce qui y manquait, laissait apercevoir que cependant elle y trouvait un gage de sécurité. Cette disposition de l'opinion publique ne datait pas seulement de 1830, elle remontait à 1814. A cette époque la France qui depuis vingt-cinq ans, luttait pour obtenir que l'on posât les bases de ses droits et de ses libertés, en voyant reparaître sa monarchie, appuyant sa restauration sur les principes du systême représentatif, n'hésita pas à concevoir des espérances. Oui, dès-lors il lui sembla que la monarchie, en adoptant ce systême, voulait aller au-devant de tous les vœux et consommer les réformes que d'après les changemens survenus dans nos mœurs, nos habitudes, même dans nos préventions comme dans nos préjugés, tout faisait un devoir impérieux d'opérer dans les rouages usés de notre ancien mode de gouvernement monarchique.

Je ne crains pas d'être démenti en avançant que

la France, au moment de la restauration, n'était plus ce peuple séduit par une aveugle impatience de réformes, impatience qui un moment lui fit convertir sa révolution en révolte : ce peuple alors était éclairé par l'expérience de ses propres écarts.

Cela était si vrai, que bien que les intérêts privés anciens et nouveaux se trouvassent en présence au moment de la restauration ; que bien que des qualifications diverses eussent été adoptées pour distinguer chaque opinion, et que ces qualifications, en réagissant sur ces mêmes intérêts privés, les fissent si contraires parfois dans leur mutuelle activité pour s'ajuster avec les nouvelles institutions, néanmoins l'opinion publique ne cessa pas d'espérer. Ces froissemens des divers intérêts privés, loin de nuire à l'opinion publique, concoururent au contraire à lui faire mieux apprécier le système représentatif ; il y a plus, ils la portèrent à rechercher avec un soin plus scrupuleux, les moyens les plus propres à assurer la pleine et entière exécution de ce système. Enfin le caractère national lui-même se retrempa dans ces froissemens, il y puisa cet esprit d'activité à l'aide duquel se développa de plus en plus son affection pour les nouvelles institutions sociales. En un mot sous l'égide de la Charte, la France crut avoir obtenu la solution de ce grand problême politique, l'accord du pouvoir avec la liberté, renfermés tous deux dans de justes et sages limites légales , en-deçà comme au-delà desquelles la chûte de tout gouvernement , quel qu'il soit , devient infaillible.

Telle était, telle a toujours été on ne peut le révoquer en doute, l'opinion publique que les séides du pouvoir calomniaient quotidiennement , en ne cessant de la présenter comme pervertie, comme cherchant à saper la monarchie dans ses bases; tandis que c'étaient leurs perfides conseils qui poussaient la monarchie vers sa ruine.

Aussi malgré l'agitation qui se remarquait dans toutes les têtes, j'étais loin de penser que pour la calmer, l'on aurait recours à un soi-disant coup d'état, de la nature surtout de celui renfermé dans les ordonnances du 25 juillet. Je trouvais même que, de la part des écrivains de l'opposition, la polémique quotidienne allait trop loin dans ses attaques préventives. Je la comparais à ces gens qui, se préparant à soutenir une thèse, se créent des objections afin d'exercer leur esprit sur toutes espèces d'argumentations. Je ne jugeais ainsi la polémique de l'opposition, que parce que j'étais pleinement et entièrement convaincu que dans la Charte se trouvait le seul gage de sécurité pour le trône comme pour la France , la suppression ou seulement la suspension de tout ou partie de la Charte , devait amener inévitablement ou l'asservissement de la France, ou le renversement de la dynastie régnante.

L'opinion publique, il faut lui rendre cette justice, avait apprécié à leur juste valeur ces derniers conseillers de la couronne, qui, par leur aveugle et sacrilège folie, ont justifié ces paroles, en quelque façon prophétiques, d'un fidèle serviteur, lequel dans un moment de crise ne craignit pas de dire au roi : « Sire, vous pouvez perdre la monarchie, mais la » France ne peut plus se perdre. »

Paris, au nom de toute la France, vient de donner une terrible leçon à tous les monarques, elle doit les avertir du danger qu'il y a d'accorder une confiance trop entière aux hommes placés par eux à la tête des diverses branches de l'administration publique.

Quant à la France, les derniers événemens qui lui ont pour ainsi dire fait reconquérir ses droits et ses libertés, doivent la convaincre qu'elle doit se défier des novateurs exaltés, et en même temps prendre des mesures pour à tout jamais être en garde contre les raffinemens politiques basés sur des systêmes qui tendraient, non pas seulement à prévenir l'injustice et l'erreur, mais à supprimer l'agitation et le mouvement ; tellement qu'avec les barrières qu'elle prétendrait opposer au mauvaises actions des hommes, de tels systêmes finiraient par les empêcher d'agir tout à fait. Selon les partisans de pareils systêmes, toute discussion chez un peuple libre est réputée désordre, et paraît une infraction, une perturbation de la tranquilité publique : Écoutez-les s'écrier en voyant le peuple user de ses droits, « quelles ardeurs indiscrètes, voilà les affaires interrompues, plus de secrets dans les conseils, plus de célérité dans l'exécution, plus d'ordre, plus de police ! » S'il fallait en croire de tels politiques, on serait porté à penser que selon eux le vulgaire n'a ni le droit d'agir, ni le droit de penser. O ambitieux tartuffes ! Si dans les précautions que certains hommes d'état croient utiles de prendre pour prévenir les crimes, l'on n'avait pas à redouter, comme une expérience récente nous l'a montré, que ces précautions ne *soient* l'ouvrage d'une ambition dépravée, ou d'une jalousie cruelle de la part de ceux qui gouvernent, peut-être pourrait-on approuver le procédé en lui-même comme le meilleur expédient contre les vices de l'espèce. Mais une police rigide, plus propre à asservir les individus qu'à les contenir, doit aboutir immanquablement à corrompre les mœurs, et à anéantir l'énergie des nations; en effet, la sévérité de cette police sert moins à réfréner les abus qu'à mettre fin à l'activité d'un peuple libre légalement. Aussi bien souvent n'entend-on louer certaines formes de gouvernement comme nécessaires, uniquement que parce qu'elles tendent à étouffer la voix de l'humanité; ou bien l'on entend condamner ces formes comme pernicieuses, que parce qu'elles permettent à cette voix de se faire entendre.

Il faut donc conclure de ces réflexions, que les perfectionnemens de la société civile ne peuvent leur être utiles toutes les fois qu'elles tendent à tenir en bride la vigueur politique, ou à enchaîner les vertus actives des hommes, plutôt que leurs inclinations inquiètes et turbulentes.

C'est surtout dans une monarchie appuyée sur le système représentatif que l'on ne saurait trop se défier de tels raffinemens politiques, la nature de ce gouvernement ne saurait long-temps s'y soumettre; le mouvement lui est indispensable, ou alors la représentation nationale ne serait plus qu'une tromperie. En effet, peut-on, en bonne conscience pour justifier ces raffinemens, être admis à venir dire que c'est en vue de procurer au peuple la sûreté de sa personne et de ses biens, que l'on veut donner à ses institutions une direction telle qu'elle ne saurait avoir d'autre fin que d'amener le peuple à cesser de s'occuper de son caractère politique. La raison publique est trop éclairée pour ne pas comprendre que ces mêmes raffinemens ne sauraient encore avoir d'autres résultats que l'anéantissement des vertus sociales les plus nécessaires au maintien de l'ordre. Soyons-en bien persuadés, les institutions qui élèvent et fortifient l'âme, qui inspirent le courage, en même temps qu'elles ont pour but la sécurité publique, peuvent seules prévenir la décadence des nations.

Veut-on éviter de voir jamais se reproduire un choc semblable à celui auquel nous venons d'échapper, que l'on se pénètre bien de cette vérité, c'est que les plus grands dangers dont peuvent être menacés les droits et libertés d'un peuple, sont ceux qui viennent à naître du relâchement de l'esprit national, attendu que la constitution, quelle qu'elle soit, ne peut tenir sa stabilité que du mobile auquel elle a dû son établissement, la vigueur personnelle des citoyens : or, jamais ce don précieux n'est moins assuré que lorsqu'il est entre les mains d'hommes qui ne craignent pas de le perdre, et qui, en conséquence, ne considèrent l'état que sous le point de vue des emplois lucratifs qu'il offre à leur cupidité, et auxquels ils sont toujours prêts à sacrifier jusques à ces droits personnels auxquels ils doivent les égards et la considération dont ils jouissent.

Assurément la démonstration est évidente ; l'on doit tout faire pour constituer les institutions, de manière à prévenir le relâchement de l'énergie nationale qui seule peut assurer leur force et leur durée, et les mettre à l'abri de toute atteinte.

Il n'y a de nation heureuse, forte et puissante, que celle qui est composée d'hommes non-seulement vigoureux et déterminés, mais surtout animés d'un esprit public.

La déclaration du 7 août 1830, par laquelle on a retranché plusieurs articles de la Charte royale de 1814, ou ajouté à d'autres, a été, assure-t-on, donnée en vue d'aider à l'énergie du caractère national.

Bien des personnes demandent si ceux qui ont coopéré à ce travail, ou y ont adhéré, avaient ou n'avaient pas pouvoir pour le faire.

Chaque député a dû scruter sa conscience, elle seule pouvait le guider, ne blâmons pas ceux qui se sont abstenus, mais disons que dans les circonstances nées de la crise violente *durant* laquelle les institutions étaient en litige, tout commandait de porter à l'ordre social les plus promts secours, afin de le préserver d'un naufrage complet. Les députés seuls pouvaient porter ces secours urgens, dissous à la suite de l'adresse de 1829, ils furent réélus pour exprimer au roi lors régnant, que cette même adresse était l'expression fidèle des craintes de la France pour les institutions; ils furent réélus encore pour, si le ministère qualifié d'incompatible, osait directement, ou même indirectement, persister à prendre aucune mesure qui pût tant soit peu menacer les institutions, tout faire, eux députés, afin d'obtenir toutes les garanties nécessaires pour conserver et améliorer la Charte. En rédigeant la déclaration du

7 août 1830, les députés peuvent-ils être considérés comme ayant outre passé leur mandat ? N'ont-ils pas obéi à cet axiôme politique *salus populi, suprema lex est ?* La conduite des députés a été hardie, mais proportionnée aux circonstances ; en mettant un prompt terme à l'état provisoire et précaire dans lequel se trouvait placé l'opinion publique, ils ont par-là empêché qu'elle ne restât plus long-temps flottante et indécise.

Cependant l'on ne peut se le dissimuler, plusieurs parties de cette déclaration se ressentent dans la rédaction des articles de la précipitation instantanée où l'on se trouvait de completter les bases de l'ordre social. Sous ce point de vue, examiner est un devoir et un droit tout à la fois, et devant lesquels il ne faut pas reculer. Il y a de l'honneur national dans le *forum*, aussi bien que sur le champ de bataille.

Ainsi, à l'égard des cultes, l'art. 6 de la déclaration portant : « Les ministres de la religion catholi-« que, apostolique et romaine, professée par la majo-» rité des français, et ceux des autres cultes chrétiens » reçoivent des traitemens du trésor public. » Cet article évidemment, présente une lacune qui le met dans une espèce d'opposition avec ceux qui la précèdent.

Ici je crois devoir aller au-devant des scrupules religieux : la question que je soulève ne touche en rien au dogme religieux, à sa spiritualité. Le catholicisme fut le culte de mes pères, il est le mien, j'y suis sin-cèrement et franchement attaché, aussi ce que je vais dire ne concerne que la question politique par rap-port au culte.

La déclaration constitutionnelle ne porte-t-elle pas : « Art. 1. Les français sont égaux devant la loi, » quels que soient d'ailleurs leurs titres et leurs » rangs. »

« Art. 2. Ils contribuent indistinctement, dans la » proportion de leur fortune, aux charges de l'état. »

« Art. 5. Chacun professe sa religion avec une » égale liberté, et obtient pour son culte la même » protection. »

Enfin n'est-il pas vrai qu'une portion de la popula-tion française régnicole, appartient au culte Israé-lite ?

Si donc tous les français sont égaux devant la loi, s'ils doivent contribuer et contribuent également aux charges de l'état, s'il ont droit à une égale protection pour le culte de leur religion, pourquoi donc, seuls, les ministres du culte Israélite ne recevraient-ils pas de traitemens sur les fonds du trésor public ?

Soit comme propriétaires fonciers, soit comme in-dustriels, les Israélites français régnicoles, outre qu'ils jouissent comme tous leurs concitoyens catholiques ou purement chrétiens, des mêmes droits religieux, politiques ou civils; outre qu'ils sont appelés comme eux à défendre la France, contribuant à alimenter les fonds du trésor public, pourquoi les ministres de leur culte, seuls ne sont-ils pas par la déclaration constitutionnelle, déclarés devoir être salariés également sur les fonds du trésor public, lorsque ces fonds qu'ils alimentent pour leur part, servent à rétribuer les ministres des autres cultes. L'harmonie politique commande de rectifier cette lacune de l'art. 6. Cette rectification peut d'autant moins souffrir de difficultés, qu'ils ne s'agit pas de toucher au dogme religieux; qu'elle ne peut influer en rien sur la liberté des consciences; qu'enfin les cultes divers des français régnicoles étant placés tout à la fois sous la surveillance et la protection de l'état, de deux choses l'une, ou tous les ministres de chaque culte doivent être salariés sur les fonds du trésor public, ou il ne faut employer ces fonds à en salarier aucun.

La civilisation a sinon entièrement détruit, au moins beaucoup modifié l'ancien préjugé né du fanatisme religieux qui n'admettait pas qu'un israélite pût faire partie du corps social; la religion, sans rien perdre de sa puissance morale, a insinué son esprit sublime de tolérance dans les institutions sociales, profitons de ses bienfaits.

Autant l'égalité absolue est à mes yeux une théorie fausse, impraticable pour les corps sociaux qui ont subi l'action de la civilisation, cette dernière, introduisant forcément des inégalités inévitables, quant aux intérêts matériels, dans les divers rangs de la société, inégalités qui ne sont adoucies que par la puissance de la loi protectrice égale de tous les intérêts privés; autant je crois cette égalité nécessaire, utile en religion. Cette noble et majestueuse fille du ciel s'adresse à tous les cœurs; elle peut recevoir des hommages différens qui constituent ce que l'on appelle le culte, mais sous tous les pôles possibles de la terre, la religion, comme étant un principe, ne varie point; elle n'a qu'un seul objet, l'amour de Dieu.

Il y a donc une grande différence entre la religion et le culte qu'on lui rend. La religion est d'essence divine, le culte est le fait de l'homme; il est à la religion ce que les formes sont à la justice; il est un objet de police sociale.

Ainsi envisagé, il est donc juste de dire que la loi politique doit être égale pour tous les cultes, que l'État doit traiter également sous le rapport matériel les intérêts privés, les ministres de chacun des cultes que professent les Français regnicoles. Il y a plus, il serait à souhaiter que là où les ministres du culte sont rétribués sur les fonds de l'État, et pour rendre à la religion toute sa force, toute sa puissance morale, que l'égalité religieuse, la seule qui puisse être absolue y fut tellement posée en principe, que le pauvre comme le riche pût réclamer et obtenir libéralement les sacremens de son culte, sans être aux prises avec une pensée mercenaire ; car, tarifer les sacremens, c'est, je ne crains pas de le dire, discréditer le culte ; c'est agir contrairement à·l'esprit bienfaisant de la religion.

Maintenant je passe à l'article 23 , qui reconnaît au roi le droit de créer des pairs héréditaires.

L'hérédité de la pairie est, dit-on, contraire à la nature et à l'esprit du gouvernement représentatif, où les titres, les honneurs, les dignités ne doivent être accordés que comme récompense des vertus, du mérite et du talent. En effet, dans un tel gouvernement, dit notre illustre Montesquieu : « les dignités » faisant partie de la constitution fondamentale, se- » raient bien plus fixes qu'ailleurs ; mais, d'un autre » côté, les grands, dans ce pays de liberté, s'appro- » cheraient plus du peuple ; les rangs seraient donc » plus séparés, et les personnes plus confondues. »

Dans mon opinion, je soutiens que l'on ne saurait environner la Pairie de trop d'éclat, mais pour que cette portion essentielle de la puissance législative puisse être eu harmonie avec notre mode actuel de gouvernement ; et se rapprocher de sa nature, il faut que l'hérédité de la Pairie soit un fait, et non pas seulement un droit ; c'est-à-dire qu'il faut, pour compléter l'article 20 de la déclaration constitutionnelle, qu'une loi statue formellement que, pour succéder à une Pairie, il ne suffira pas de se borner à prouver que l'on est le fils du titulaire; que l'on possède en propriétés foncières, ou de telle autre manière qui serait déterminée, tel revenu; mais avant tout, que soi-même l'on a rendu des services réellement utiles à l'État ou à la société. Ainsi s'introduirait parmi les enfans de Pairs de France, un mobile de généreux amour-propre, mobile qui les porterait naturellement à tout faire pour se rendre dignes de succéder un jour à leurs ancêtres.

C'est alors que la Chambre des pairs serait d'autant plus respectable et respectée, que son aristocratie serait le produit de la pratique constante de toutes les vertus nationales.

Je le soutiens, il n'y a pas d'autre manière dans l'intérêt même de la Pairie, d'en concevoir ou comprendre l'hérédité. Que pour ce qui est des intérêts matériels, la loi statue une hérédité de droit, ainsi qu'un fils hérite de la fortune de son père, rien de mieux; mais qu'à l'égard des intérêts moraux, tels que les distinctions accordées à son père à raison des qualités qui le firent distinguer entre tous ses semblables, il arrive si rarement que l'on voit ces qualités se reproduire avec le même éclat chez le fils, que le simple bon sens, aussi bien que la morale publique, font élever des doutes sur cette sorte d'hérédité. Il en est des qualités qui distinguèrent un chef de famille, comme de la goutte, qui, assure-t-on, saute toujours d'une génération.

En un mot, je soutiens qu'un fils de pair de France doit être soumis à l'investiture royale, en justifiant de services personnels.

Pour compléter mon opinion sur l'hérédité de la Pairie, j'ajoute hardiment que c'est quand il s'agit de consolider les institutions sociales ébranlées un moment par une grande crise dans laquelle le sentiment national s'est manifesté avec énergie, que l'on ne doit pas hésiter à faire tout ce que commande la sûreté, la conservation et le perfectionnement de ces mêmes institutions.

Ce serait en vain que, pour soutenir le vieux système de l'hérédité de la pairie en France, l'on voudrait invoquer l'*exemple* de l'Angleterre : ce pays, quoique le premier qui ait franchement adopté le système représentatif ne peut, sur le point de la Pairie, servir de modèle à la France. En Angleterre, l'institution de la Pairie est imprégnée de féodalité, laquelle exerce une influence sur le principe de l'hérédité, et lui donne une base qui n'est point, et ne saurait être dans nos nouvelles mœurs, et offusquerait nos préjugés actuels. Si donc l'on devait suivre l'exemple de l'Angleterre, il en résulterait que l'on commettrait une faute énorme, en ajoutant le ridicule au vice qui existe touchant l'hérédité actuelle de la Pairie. En France, on ne peut le révoquer en doute , rien n'est plus fâcheux que le ridicule; l'on y supporte assez patiemment un vice, mais le ridicule est une chose qui ne se tolère pas; il est une arme dont l'opinion publique ne manque jamais de faire usage, et les coups continuels que porte cette arme légère en apparence finissent toujours par atteindre leur but.

Il est donc important, prudent, national, de préserver la Pairie du ridicule, car l'on ne respecte que ce qui en est à l'abri.

Quant à ce qui regarde la chambre des Députés, il eût été à souhaiter que, comme dans l'ancienne Charte, on eût de suite déterminé les conditions non seulement de l'âge; mais aussi fixé le cens à payer pour élire ou être élu; on ne s'est occupé que de fixer l'âge, remettant, pour le cens, à le déterminer par une loi ultérieure; sans me livrer à rechercher le motif qui a porté à agir ainsi, je dirai que je fais des vœux pour que la loi à intervenir calcule, établisse ce cens sur une base utile à l'intérêt général, en telle sorte que le titre , soit d'électeur, soit de député, ne puisse plus être considéré comme une espèce de privilége, ou du moins, si c'en doit être un, qu'il soit celui du patriotisme.

Enfin, j'arrive à la magistrature, à l'égard de laquelle certaines personnes voient avec une espèce de susceptibilité que l'on ait maintenu le principe de l'inamovibilité.

Demandons, autant que les circonstances peuvent le permettre, le complément des institutions dont les bases existaient dans notre ancien pacte social, rien de mieux, mais défendons-nous d'une susceptibilité trop ombrageuse ; ne perdons pas de vue que, malgré ses imperfections, ce pacte se rapprochait tellement des besoins de notre civilisation, que c'est à lui que nous devons ce calme qui a caractérisé la nationalité du mouvement héroïque du peuple dans la dernière crise. Ajoutons à ce pacte les dispositions qui y manquent, mais ne proscrivons pas ce qu'il renferme de sage.

Sans contredit, l'inamovibilité des magistrats est non-seulement un principe sage, c'est encore un principe de sécurité, et si en outre l'on prend en considération que la justice est d'essence divine ; qu'elle domine et doit dominer les passions, l'on ne peut manquer de reconnaître que pour que la justice atteigne son but et sa fin, elle de le peut qu'autant que ses organes, ses ministres, ses magistrats enfin seront placés tellement en dehors du cercle des passions, qu'il leur sera loisible de les voir s'agiter toutes, sans avoir à craindre ni à redouter l'influence d'aucune d'elles.

L'inamovibilité assurément est le seul moyen propre à assurer l'indépendance de la justice ; ce n'est qu'à l'aide de ce principe que la magistrature peut devenir encore pour le corps social un élément de force et de sécurité.

Mais, objecte-t-on, malgré leur inamovibilité, plusieurs cours et tribunaux renferment dans leur sein des magistrats qui ont prêté leur appui direct ou indirect dans les diverses tentatives faites depuis 1814 pour restreindre plus ou moins les dispositions du pacte social.

Il faut le dire à l'honneur de la magistrature française ; les exemples à citer de magistrats serviles sont rares, ou du moins ceux qui le furent n'offrent que quelques exceptions. Or il est de fait, en principe logique, que l'exception, loin de détruire la règle, sert à conclure en faveur de cette règle.

En effet, dans les momens où l'esprit public se rattachant de plus en plus au pacte social, cherchait à déjouer tous les efforts tentés contre ce pacte, qui vint au secours de nos droits et libertés ? qui les protégea contre les imputations calomnieuses dont on les poursuivait ? qui paralysa les menées sourdes par lesquelles on espérait arriver à tout asservir ?

N'est-ce pas la magistrature, forte de son inamovibilité ?

L'histoire transmettra aux temps les plus reculés l'énergie avec laquelle le premier président d'une des premières cours du royaume répondit à un ministre de la justice qui cherchait à le pressentir sur un procès d'ordre public, « la Cour rend des arrêts, et non » des services » — Elle dira aussi que ce même ministre, lui objectant qu'il était bien heureux d'être inamovible, ce même magistrat lui répliqua : « La » France, monseigneur, est bienheureuse de ce que » vous êtes amovible. »

Prenons au surplus conseil de ce qui s'est passé dans un pays voisin de nous, où les juges sont amovibles, et gardons-nous d'imiter ce que nous avons blâmé.

Cependant, mon opinion est qu'en pourvoyant au rétablissement du cours ordinaire de la justice, première base, comme premier élément d'ordre public, on aurait dû ne pas perdre de vue que l'article 49 de la déclaration du 7 août 1830 ne consacre l'inamovibilité qu'à l'égard des juges nommés par le roi.

Au moment où la déclaration a été promulguée, la magistrature était dépourvue d'investiture royale, à l'égard du nouveau chef du gouvernement, le serment qu'elle a prêté, elle l'a prêté sous le manteau d'une ancienne investiture. Aussi, j'en suis certain, l'opinion publique montrera long-temps pour la magistrature actuelle cette susceptibilité ombrageuse, qui, ne voyant qu'un serment prêté sans avoir été précédé de l'investiture royale, ira toujours supposant aux magistrats des restrictions, des arrière-pensées.

Il faut profiter du présent pour préparer, consolider l'avenir; l'esprit public vient de se retremper dans notre dernière crise politique, c'est pourquoi, maintenant, le grand but vers lequel doivent tendre les efforts de l'autorité, c'est de tout faire pour que cet esprit public ne vienne pas à se convertir en esprit de coterie ou en esprit de faction, car alors l'intérêt général est perdu de vue, il n'est plus qu'un manteau dont se servent toutes les ambitions pour cacher leurs nudités.

Excusez, Sire, la liberté que je prends de vous adresser ces reflexions sur les principales dispositions de notre pacte social; mais Votre Majesté l'a proclamé: « Il faut qu'à l'avenir la Charte soit une » vérité. »

J'ai l'honneur d'être avec un très-profond respect,

De Votre Majesté,

Sire,

Le très-humble et très-obéissant serviteur,

D'ARNAULT.

Paris.—IMPRIMERIE DE CARPENTIER-MÉRICOURT,
Rue Traînée, N° 15, près S.-Eustache

9 782012 957503